Manuel Bellido

Una fogata en Urano

Poemas

Platero
COOLBOOKS

Título: Una fogata en Urano
Primera edición: julio, 2024
© 2024, del texto Manuel Bellido.
© 2024, de la edición, maquetación y diseño Platero CoolBooks.
© Platero Editorial S.L.
Glorieta Fernando Quiñones s/n .
Edif. Centris, planta 2, módulo 10. 41940 Tomares (Sevilla)
info@plateroeditorial.es
www.plateroeditorial.es
Diseño de portada: Platero CoolBooks.

Printed in Spain-Impreso en España
ISBN: 978-84-10062-55-9

A Sofía y Lorenzo, mis nietos.

INTRODUCCIÓN

Mis emociones y preferencias han dictado la selección de poemas de esta antología. Al orden cronológico he preferido el ritmo de las sensaciones. Estos versos los escribí entre 1973 y 2021. Los expongo como si fueran los cuadros de una exposición que no siguen ni temática ni cronología.

La poesía nunca supuso para mí un aislarme de la realidad, sino un zambullirme en lo más profundo de ella, dentro y fuera de mí. Por ese motivo he dejado junto a la fecha el lugar donde fue inspirada y escrita. La ciudad era el marco de ese momento interior que yo vivía; circunstanciales escenarios iluminados por la luz de la mañana o ensombrecidos por las tinieblas del crepúsculo.

Hoy, estos poemas evocan vibraciones de mi espíritu, tonos armoniosos de la música del alma, quebrantos de mi ánimo o simplemente fotografías.

De la ironía al drama, de la sonrisa a la mueca, del miedo a la esperanza.

Versos rotos, frases breves, imágenes veloces, fotogramas metafóricos. Como es habitual en la poesía, se esconde a menudo el conocimiento de la causa y el advenimiento real que ocasionó la imagen.

Los sentimientos desfilan sobre el papel, vistiéndose de palabras, marchando con ritmo y con cadencia, ordenándose por grados de emociones, susurrados o gritados, ensalzados o humillados, aireados como ropa tendida para que no terminen oxidados en algún cajón del alma.

Sin embargo, hay algo más, algo fundamental, una intencionalidad vital que se esconde en mi vocación literaria y que aparece en el primer y último poema de esta antología, casi una misión: alumbrar, encender en el corazón del lector una llama que procure calidez en la, a veces fría, travesía terrena de esta época convulsa. Difícil objetivo, tan arduo como encender una fogata en Urano.

Sevilla, abril 2024

Índice

Introducción.. 7

Una fogata en Urano 11

¿Qué te regalo? 13

Palabras.. 15

Solo 17

A Mari Carmen Y. 19

Tu guion.. 21

Sorbo a sorbo 23

Regreso a casa 25

Ocaso.. 27

Jugando 29

Encuentro misterioso.. 31

Mi Ítaca 35

Entre la gente... 37

En el bosque 39

Mi libreto 41

Fotografías.. 43

Amanezco.. 45

Irlanda.. 47

Huérfano... 49

Amanecer en la playa 51

Moiras 53

Madre 55
Poema para ti 57
La condena de Ezis 59
Arrepentimiento 61
Tócala otra vez, Beni 63
Mi patio 65
Bossa nova 67
Vuelo en tu regazo 69
Mujer de Ipanema 71
El adiós 73
Contaminación 75
Publicidad 77
El show debe continuar 79
Maestro (cuando encontré a Alfredo) 81
Fábula ilustrada 83
Nevaba 85
A la caída del sol 87
Mi mar 89
El tiempo oportuno 91
Edipo 93
Carta 95
Soy solo yo 97
Prado alpino 99
Grito mudo 101
Le Sacre du printemps 103
Recuerdo de Mari Carmen 105
14 de julio 107
Rosa y lila 109
Un fuego sobre Urano 111

Una fogata en Urano

Atravesando
túneles oscuros
he llegado
al país de la esperanza,
recuperando
la fe en la ilusión,
hallando
entre sentido y ser
el talismán
de una pasión intacta,
el vínculo
entre vocablo y vida,
la alianza
entre espíritu y cosmos.
¡Que no me encadene
la pereza!
¡Que las malas jugadas
no me detengan!
Decidido
doy la espalda al mar,
ciño en las estrellas
las coordenadas,

enciendo
motores de incandescencia.
No es extravío ni desatino
despego y vuelo,
con el vector de mis sueños,
fijo pábulo y destino:
una fogata en Urano.

Sevilla, 2021

¿Qué te regalo?

¡Ay! Cuánto lo siento
no haber nacido en el cielo
para ofrecerte cometas
estrellitas y luceros.

Con agujas de coral
habría bordado a tus pies
de jazmines y camelias
un tapiz enardecido.

Un sol para cada día
un aturquesado cielo
la candidez de una nube
y un alegre tiovivo.

Dentro de un cisne blanco
volaríamos sin miedo
comiendo pastel de luna
viajando en el firmamento.

Madrid, 1974

Palabras

Hoy de mis labios brotan
palabras inservibles
retoques de campana
con badajos gastados.
Son llamas humeantes
en el vivero inverso
del ínfimo hormiguero
donde reino postrero.
Son palabras ahumadas
de un viejo diccionario
piezas que se declinan
con maña de anticuario.
Voces que se han truncado
minúsculos despojos
monótonos secretos
que solo ven mis ojos.

Nueva York, 1982

Solo

Soledad acompañada
que Zeus tejiera en mi suerte
para usura de mis días
mientras espero la muerte.
Girando en un tiovivo
sin anverso y reverso
vertiginosa carrera
al centro del universo.
Entre vueltas y revueltas
perdiéndome como Ulises
mientras cantan las sirenas
mi destino y mi declive.
Busco encontrar mis arcanos
para huir del Comefuego
y manejar con mis manos
el timón de la libertad.
De esta soledad humana
que a veces nos acompaña
aunque estemos rodeados
termina siendo guadaña.
Sutil arena en mi reloj
clepsidra de mi existencia

deja que cambie mi suerte
antes que llegue la muerte.

Turín, 1980

A Mari Carmen Y.

La muerte robó tu cuerpo
pero no allanó tu alma,
me lo has susurrado en sueños
hablándome a las entrañas.

Me lo decías sonriendo
mientras yo ponía en tus labios
con inocente ternura
una cereza encarnada.

Me condujiste a la niñez
a la de los escondites
de las cosquillas buscadas
y travesuras incautas.

Te fuiste sin despedirte
y anoche entraste en mi sueño
para citarme en el cielo
y ese será mi empeño.

Jerez, 1978

19

Tu guion

No culpes a nadie
por tu mal destino
este nuevo papel
lo has escogido tú.
Se levanta el telón
y tienes que actuar
asume tu guion
declámalo sin más.
Gestos y palabras
tendrás que rescatar
con sutil memoria
hazlo sin rechistar.
Afinando tu voz
y tu gestualidad
deja que tu canto
no produzca llanto.
Sobre el escenario
tu saqueada voz
tendrás que liberar
de tu hondo interior.
El gentío en la sala
espera tu debut

mirarán las formas
estas son las normas.
Si cuentas un chiste
hazlo con seriedad
la gente se ríe
hasta del funeral.
Tómalo o déjalo
no tienes otra opción
Júpiter o Jano
recitar o ser tú.
Si quieres ser libre
sueña, vive y vuela
no debes vacilar
vivir es arriesgar.

París, 1982

Sorbo a sorbo

La vida no se maltrata
no se apalea ni lacera
se persigue y se desea.
Se bebe sorbo tras sorbo
en copa de cristal fino
como si fuera *champagne*
degustando sus matices
sus aromas y reflejos
sin prisas, sin distracción.
Se saborea con paciencia
como en una ceremonia
paladeando su esencia.
Dionisio es un buen ejemplo
hijo de Zeus y Sémele
niño, efebo, barbudo
con la música del aulós
la fertilidad y el vino
nos introduce en bakcheia.
Y si se abre la puerta
del dolor de cada día
en la encrucijada abierta
puedes hallar una vía

la de la alquimia divina
que lo transforma en amor.

Milán, 1980

Regreso a casa

Los trenes pasan
como obuses
delante de mis ojos,
revuelven mis cabellos,
aturden mis oídos,
me estremecen,
y remueven mis deseos.
Yo espero el de las seis,
de trayecto corto
y rutinario
que me llevará,
sin paradas y retrasos,
a la estación de tus brazos.
Allí colmaré tu ausencia
y borraré mi añoranza.
Ahora apago mis ojos
y te busco en mi interior,
creo escuchar tu voz
en medio de este barullo.
No, no es tu voz todavía,
es el altavoz que anuncia:
vía uno, es el tren

que me llevará hasta ti,
el de mis deseos
llegó ya a su destino.

Salamanca, 1989

Ocaso

Dulce y pausada es tu muerte
ahogando tus llamas rojas
en el vidrio gris de este mar
adormentado y borroso.

Tu agonía me embelesa
ruborizando mis ojos
y transformado este cielo
en carmesí ensangrentado.

Se desvanece tu imagen
inexorable se hunde
tu efigie de dios brioso
al crepúsculo del día.

Ra muere para renacer
disipador de la noche
fusionándote con Horus
albor serás de amanecer.

La luz que serás y has sido
encenderá los espejos
del despertar sigiloso
como todas las mañanas.

Obedeciendo el dictamen
del dios creador Itemu
hará que el gallo insinué
la aurora del nuevo día.

Manila, 1979

Jugando

En el jardín de los sueños
seré viento y tú amapola
tu veste será encarnada
cerúleo será mi color.
Tú serás sueño imposible
yo seré arrojo seductor
tú me llamarás Céfiro
yo te invocaré Aglaya.
Tú me harás beber el néctar
producido en tus entrañas
el brebaje de los dioses
me levantará en andas.
Moveré una dulce brisa
abriendo así tu corola
preñando la castidad
de tus delicadas hojas.
Te raptaré como un mago
para encerrarte en mi sueño
el trigo será testigo
del delito de este rapto.
Tú Proserpina y yo Hades
viajando hacia otros mundos

recordando aquellos lances
de los náuticos cretenses.

Cagliari (Cerdeña), 1986

Encuentro misterioso

Ayer penetré en sus mundos
fue un instante inconcebible
en que un haz de luz terrible
silenció de un tajo mi voz
en aquel ubicuo río
perdí el sentido del tiempo
y el recuerdo de lo mío
lo que vi no fue soñado.

Fue como escalar la cumbre
de una montaña muy alta
sin esfuerzo y sin fatiga
sin voluntad y sin acuerdo
borrando en mí los recuerdos
que tuve hasta esa noche
sin reconvenir reproche
por tan mágicos rigores.

Como un gorrión sin alas
me sentí enjaulado
encordado y prisionero
una luz imponderable
en un acto irrevocable
anulaba mis sentidos
impetuosa irradiación
como si fuese aducido.

No pude medir el tiempo
cuando ellos me miraban
mientras yo no los veía
yo tampoco les hablaba
pero ellos me entendían.
Constante ese retumbo
como letal rozamiento
que aturdía mi cerebro.

Tras un ápice de clímax
recio, metálico y frío
que aún resuena en mis adentros
me vi en un cono inverso
despertando de aquel sueño.
Volví a casa atolondrado
dejando atrás ese bosque
que me pareció encantado.

Me adormenté de inmediato
y no recuerdo vigilia
ni sueño ni pesadilla.
Esta mañana mis pasos
volvieron aletargados
a ese bosque embrujado
denso de un mar de marrones
de abetos rojos y helechos.

Encontré mi desconcierto
pensando que fue un trastorno
lo que sufrí esta noche
tiempo cósmico el momento
disuelto ya en la memoria
que para mí ya es historia
si algo pasó en el bosque
elemental será olvidar.

Innsbruck (Austria), 1977

Mi Ítaca

En la usura de mis días
orbito en torno a tu eje
bajo este lienzo cerúleo
infinito y despejado,
abismo, resplandor y paz
donde el alma me ha traído
para sentirme abrasado
por las llamas de tu fuego.

Me susurras con dulzura
me atraes con el magnetismo
que entreteje tu ternura.
Destellos a intermitencia
me embelesan y me extasían
propiciando en mis entrañas
ese poniente que dora
y da vida al universo.

Me miro y veo en el espejo
a Odiseo en sus vagos días
en Ogigia y Esqueria
huyendo de su destierro
y yo en este embarcadero
con este bajel gastado
para alcanzar los confines
de la Ítaca de mis sueños.

Siena, 1983

Entre la gente

Incesante es el presente
donde encuentro otras almas
iguales o semejantes
luciendo oro o escoria
misterios en sus memorias
entre efímero y eterno.

Me revelarán secretos
me contagiarán humores
existencias esenciales
donde hallaré otros vínculos
y los hilos de las tramas
que entretejen sus temores.

Consonantes y vocales
compondrán otros lenguajes
para entablar nuevos lazos
para emprender amistades
perímetros de comprensión
labrando nuevas uniones.

El amor deriva siempre
en irresistibles formas
complejas variaciones
del dar sin más y recibir
encrucijada abierta
que abre todas las puertas.

Camino y abro mis manos
para encontrar en lo humano
un reflejo primigenio
vestíbulo del divino
declinación y destino
inescrutable infinitud.

El Paso (Texas), 1982

En el bosque

El temporal ha pasado
la lluvia ha bendecido
cada rincón de este bosque
y deslumbra mis sentidos.

Caleidoscopio en mis ojos
por el tapiz de las flores
que juegan con esta brisa
fingiendo ser campanillas.

Repican con las cadencias
que Céfiro les insufla
dispersando por el aire
exóticas melodías.

Los árboles me revelan
en su donaire garboso
y en sus formas retorcidas
mil ocurrencias divinas.

Los marrones que oxidaron
tristemente este sendero
de tonos perecederos
hoy retoñan de esperanza.

Juega el sol entre las ramas
y brincando con sus hojas
proyectan sobre la tierra
acrobacias hechizadas.

Inspira y espira el alma
embriagándose de vida
estoy sintiendo en mi sangre
que llegó la primavera.

Arcos de la Frontera (Cádiz), 1996

Mi libreto

En mi alma se insinúa
apenas me he despertado
una pieza de teatro
que dará con mi libreto
las pautas del nuevo día.

Adaptaré mis posturas
al matiz del escenario
luminoso o desolado
gris oscuro o azulado
tormentoso o soleado.

Seré fiel a mi argumento
con desmedida precisión
radiante o ensombrecido
inédito o caducado
cuidando cada expresión.

Son los días de mi vida
los de siempre o los de ahora
que cada día represento
personaje de esta tierra
aunque oriundo del cielo.

Berlín, 1978

Fotografías

Ante mis ojos unos rostros
girando como en la noria
renacen de mi pasado
transitando en mi memoria.

Me sorprenden o me asustan
me animan o me entristecen
me embisten con mil recuerdos
en la nostalgia me mecen.

Sin impactos agresores
desenterrados del tiempo
embriones de emociones
o de mágicos rigores.

Me abren el apetito
de avideces para hoy
de sueños para mañana
ignorando lo que soy.

Hay rostros que se han borrado
con el pasar de los años
muchos otros ya evadieron
sin dejar su paradero.

En ésta, miras de frente
me observas y desafías
eres tú en blanco y negro
solo son fotografías.

Jerez, 1975

Amanezco

Me despierto
y me abordan
ordenadas
reverencias
me saludan
la sábana
el espejo
el comodín
el ropero,
después hablan
las cortinas
la ventana
y la silla
y ese libro
medio abierto
que hasta el suelo
ayer cayó.
Mi espíritu
reconoce,
no la lengua
que viscosa
aún reposa

esperando
reanimarse
tras un sorbo
de la taza
de mi café.
Estoy vivo
inspirando
espirando
con un ritmo
uniforme
mis músculos
sin embargo
no se apremian,
con desgana
se desplazan
moviéndose
con inercia.
¿Quién me dirá
para hoy
mi destino?
Lo erigiré
en camino
por el mundo
de los vivos.

Ámsterdam, 1978

Irlanda

Es la luz
que comienza vagamente
a insinuarse,
a esconder todas las sombras
detrás de esas serranías.

Es el alba
que acaricia mis sentidos
atemperando
la mirada de ternura
viajando como un río al mar.

Es el sol
que propaga con sus rayos
llamaradas
que disipan ese velo
que la luna había extendido.

Es el cielo
de esta Irlanda que me muestra
ahogando
de azules, musgo y lana
los ojos de mi corazón.

Dublín (Irlanda), 1979

Huérfano

No sé ni decirte adiós
mientras te alejas de mí
desde el confín del gueto
de un herido corazón
paralizado y quieto.
Soy el sutil reflejo
de cuando fui tu espejo
y tejedor de un sueño
que me amarró a tu yunta
en solemne y casta unión.

Irreparablemente
hoy dejo de ser fuente,
cierras todas las puertas
sin esperanza abierta.
Huyendo de esta forma
en rígida medida
destejes sin conciencia
el tapiz que bordamos,
con ternura y paciencia,
de oro en nuestras vidas.

Tus iniciales quedan
grabadas en mi interior
presencia inalterable
que nunca se borrará.
El hoy fugaz de tu adiós
no cancelará jamás
la declinación de ti
anhelo, ensueño, ideal,
quimera, fantasía,
paraíso y pasión.

Montecarlo, 1984

Amanecer en la playa

Aire de mañana
que respiro
sol resplandeciente
que me envuelve
techo ya azulenco
que me cubre.

¿Qué querrá de mí
este día?
Que me lo diga el mar
y sus olas
con su ir y venir
blanquecino.

No podré nunca huir
de este cielo
que se abre ante mí
revelando
con la voz de Horacio:
todo está aquí.

Camino despacio
con cadencia
mis pies le regalan
a la arena
las marcas y huellas
de mi existir.

La vida reclama
mi cognición,
mi existencia vital
me interpela
ambicionando en mí
reverdecer.

Civitanova Marche (Macerata), 1984

Moiras

Así es como está previsto
es vocación del humano
al final de su existencia
poner punto a su destino.

Naciendo y sin saberlo
ya apuntamos arco y flecha
hacia un blanco trascendente
con semblanza de algo eterno.

Viviendo reconocemos
un puente entre horizontes
que une esta orilla y otra
desconocida y distante.

Sin advertencia ni aviso
es cuando llega la parca
Cloto, Láquesis y Átropos
quieren ganar su batalla.

Hoy ha llegado tu hora
cuando el cielo oscurecía
arropado en el silencio
diste el último gemido.

Un ángel cogió tu mano
empujándote a su barca
tu alma balanceaba
por aguas desconocidas.

Viajero que te alejas
no olvides nuestra desdicha
muéstranos en el ocaso
esa luz que siempre brilla.

Incisa in Val d'Arno (Florencia), 1976

Madre

Hojeando las páginas de un viejo diario
he encontrado cuatro versos compuestos para ti.
Sí, lo sé, no fui ayer ni un juglar ni un trovador
pero el corazón robó el lápiz y escribió por mí.

Sucedió en aquellos días cargados de hastío,
leías un viejo drama, no recuerdo de quién,
en el salón en penumbras expiraba la luz
un temor en mi alma agonizaba también.

Ahora sentada a mi lado en el mismo salón
con un flamante sol que ilumina tu mirada
contemplo tu delgada figura y te bendigo
ensalzo la maternidad que dio vida a mi ser.

Cómo va corriendo el tiempo, pasando la vida
en aquellos años yo adoraba tu hermosura
ríos de ternura que contenían tus brazos,
desembocaban en mil caricias de tus manos.

Fueron dulces días que abrazando tu cintura
aprendí a sentir el temblor temprano del amor
y apoyando en tus cálidos pechos mi cabeza
comprendí la belleza de perder el corazón.

Tú, madre, pasión sublime de mi adolescencia
dulce conductora de mi Ilusión y mi anhelo
seductora Afrodita de mi virginal edad
maestra sin reproches de la primera pasión.

Jerez (Cádiz), 1983

Poema para ti

Frases mal redactadas
errores gramaticales
verbos mal conjugados
comas y puntos perdidos
sintaxis trasnochada.

Yo te escribí un poema
con sentido figurado
versos que no rimaban
sin métrica ni cadencia
sin ritmo, sin ton y son.

Sin lógica y reflexión
las estrofas procedían
en brotes alocados
para decirte te quiero
así escribe el corazón.

Foggia (Apulia), 1986

La condena de Ezis

Pasas los días y las horas
llenando de aburrimiento
alforjas de tu existencia
y entre bostezos y hastío
bebes sorbos de tristeza.

Ezis, griega divinidad
descendiente de la noche
hija de Nix o de Érebo
te condenó a la congoja
y al cruel desasosiego.

Quieres compartir conmigo
esta apatía extrema
dividir conmigo el tedio
que alimentan tus adentros
con pan de melancolía.

Este día ruinoso
ha hecho que nuestro encuentro
sea un charco de cenizas
y manche tu mesto rostro
de lágrimas y reproches.

¡Cuánto pesa un maleficio
en un día que declina
si aceptamos que esa suerte
nos hable solo de muerte
antes que llegue la aurora!

QT8 Milán, 1981

Arrepentimiento

Me equivoqué muchas veces
hoy lo vuelvo a hacer contigo
se acabaron mis excusas
se agotaron tus perdones
llegué sucio a tu presencia
y acumulé tanto barro
que ya no me reconoces.

Con rostro grave y enjuto
enmascaras tu silencio
me siento desamparado.
Te muestras como el dios Jano
inasible y accesible
mostrándome dos espejos
ahora oscuro, ahora claro.

El aire no se sostiene
cae de bruces en el suelo
desnudando pies y manos.
De nuevo duele la vida
lacera, punza y lastima
nuestro amor se hace de piedra
desmoronada en el tiempo.

Sevilla, 2002

Tócala otra vez, Beni

Las notas de tu piano
palpitan como el corazón
poniendo vida en tus manos.

Cada acorde en mis sentidos
es fruto de buena tierra
sol de oro y fantasía.

Tu melodía me envuelve
como caricia de cielo
en un sensitivo abrazo.

Río que va discurriendo
con sus aguas cristalinas
hacia un océano inmenso.

Armonías y cadencias
que van pintando en mi mente
flores de mil colores.

Blancas, negras y corcheas
son en tu pentagrama
perlas labios arcoíris.

Apolo desde el Olimpo
las va engarzando en tu alma
convirtiéndolas en notas.

Incisa in Val d'Arno (Florencia), 1977

Mi patio

La recelosa claridad
plateada y blanquecina
de la luna que ilumina
cada rincón de mi patio
se posa en cada maceta
encendiendo cada planta
con sus besos y caricias
toquetea a los geranios
envuelve a las gitanillas
coquetea con los claveles
encela a las clavellinas
a las hortensias adula
mientras el manso ruido
infatigable del agua
entona una melodía
para las hijas de Zeus
que huyen despavoridas
de sátiros lujuriosos
que vuelan por este cielo.
Hesperia, Hestia y Eritia
se han asomado a la fuente
para verse en el espejo

Hesperetusa se burla
de tan vanidoso gesto.
Egle, Héspere y Aretusa
están despojando el néctar
de los pétalos y estambres
de esas flores que bostezan.
La primavera en su esencia
en este remanso de paz
esta noche ha oficiado
su mágica ceremonia.
Ahora cierro los ojos
escondido en la penumbra
el tiempo se ha detenido
la madeja de los sueños
ya empieza a devanarse
jugando a ser primavera.

Jerez, 1975

Bossa nova

Regálame una sonrisa
y después muéstrame otra
la arena de esta clepsidra
ha terminado de caer.
Es la hora crepuscular
fortuito y extraño tiempo
para iniciar mi viaje
ese que no me hará volver.
Caminaré por el mundo
buscando otros semblantes
no se detendrá esta ida
buscando siempre la vida.
Posa ahora tu sonrisa
en el iris de mis ojos
para este último adiós
esta vez hazlo sin prisa.
Cuando me haya marchado
perdurará vencedora
la luz que de mí bebiste
para iluminar tu alma.
Yo me llevaré el destello
que emana tu piel morena

indígena y manauense
brillante, suave, de seda.
En las largas soledades
descifraré tu presencia
tatuada en mi alma
secreta casa de tu ser.

Manaos (Brasil), 1985

Vuelo en tu regazo

Como los pensamientos
que hace poco volaban
livianos en el cielo
como alegres cometas.

Como esas corolas
que descansan serenas
en los cálices tiernos
de las flores cortadas.

Como las tiernas hojas
que balancean su verde
alegres y seguras
sobre las duras ramas.

Como las partículas
de ese aire que roza
la espuma blanquecina
que producen las olas.

Como la dócil brisa
que acariciando el trigo
entona un himno nuevo
de fresca melodía.

Así mi frágil cuerpo
echado en tu regazo
late con tus adentros
en tu secreto centro.

Riva del Garda, 1987

Mujer de Ipanema

Te acercas y percibo
escondido en tu mirada
oculto en tu perfume
y disimulado en tu piel
un arcaico misterio
de un vertiginoso tiempo
la pureza salvaje
de leyendas ancestrales.

Acogiéndome tu cuerpo
te apoderas de mi piel
me perviertes con tu fuego
nutriéndome de tu miel.
Suscitaste mi arrojo
doblegaste mi razón
encendiste una hoguera
como este bravío mar.

Ipanema (Río de Janeiro), 1985

El adiós

Mi amigo se ha ido lejos
quizás fue para siempre
lo hizo sin preaviso
fue un ridículo adiós.
Desde esa ventanilla
de un tren fosco y sombrío
alegórico convoy
que apestaba a carbón
hizo un gesto con la mano
signo irrevocable
que hacía saltar un puente
detrás de sus espaldas.
Cenicienta era la hora
desconsolado el día
recuerdo que el sol moría
enlutando la tarde.
Del caluroso verano
del año 73
ese día no declina
desdibujándose en mí.
En mi memoria recreo
la gente a mi alrededor

universo en movimiento
llorando o sonriendo.
Yo permanecía quieto
envuelto en el abrazo
que apenas me había dado
y que nunca olvidaré.
Volaba con la mirada
ciñéndola en sus ojos
para no olvidar el rostro
que estaba tras el cristal.
Dejando después la estación
desistí de buscarle
lo que me había dejado
me había hecho otro él.

Jerez, 1974

Contaminación

Sigo el rutinario camino
de monótonos edificios
rectas calles contaminadas
con los componentes nocivos
que dañan a los seres vivos.

Efectos contraproducentes
con los nocivos componentes
del monóxido de carbono
de los combustibles fósiles
que están escupiendo los autos.

A mi izquierda y a mi derecha
hay dos hileras de árboles
mirando tristes entretienen
el caminar de transeúntes
haciéndolo más llevadero.

En mí reviven sentimientos
estos árboles de la ciudad
de los alcorques prisioneros
inmovilizados y quietos
sufriendo el ardor del asfalto.

No quiero ser indiferente
estos árboles me transmiten
tristeza, lánguida agonía
deterioro vital, penuria
les falta agua y nutrientes.

Saben que sus días descuentan
dañados en ramas y hojas
en esas semillas que cuelgan
en sus recios y fuertes troncos
en su savia, en su frondosidad.

Ante mis ojos lloran mudos
con implícito desconsuelo
infectados y contagiados
por la humareda oscurecida
de la cruel contaminación.

Caminando cerca de ellos
los acaricio con mi mano
y a mí me trasmiten la vida
el influjo de su oxígeno
es lo que me hace respirar.

Milán, 1983

Publicidad

En esta calle, midiendo fuerzas
contando pasos, robando el aire
sin desfallecer, sin poder frenar.
Entre las cosas, entre las casas
de cemento gris, de inerte cristal
en el tráfico rabioso y cruel
entre la niebla de fosco hollín.

Camino ahora enmudecido
entre letreros que me proponen
con tenacidad y fascinación
miles de ideas de gran sugestión
tentadoras aproximaciones
alimentadas o envenenadas
con grandes dosis de publicidad.

Bombardeo de desinformación
con tan certeras detonaciones
zarandean, aturden y ciegan
y en mis oídos rugen vocablos
y pensamientos que me producen
más que opiniones y decisiones
instigación a la felicidad.

En la multitud me vuelvo a perder
y la corriente me lleva sin más,
la luz de un semáforo me frena
todo se para a mi alrededor
yo también me paro y me pregunto
quién podrá redimirme y librarme
devolverme alas de libertad.

Marchando encuentro en mí un cierto miedo
por la magnética propaganda
por el potente imán que propone
atraer o repeler deseos
aprieto el paso mirando al cielo
soy el hombre de la otra vida
lidiaré para no descarrilar.

Berlín, 1978

El show debe continuar

El concierto terminó
la música enmudeció
los focos se apagaron
el teatro se vació
vacío está mi interior.
Dejo este camerino
y cruzo la platea
hierven las emociones
llego al *hall* de la entrada
antesala al exterior.
Voces, rostros, colores
ondas, notas, sonidos,
aplausos y sonrisas
ecos y sensaciones
resuenan dentro de mí.
El aire de la noche
pasea por la calle
acaricia mi pelo
visita mis pulmones
haciéndome estremecer.
¿Quién permaneció atrás?
¿Quién salió al exterior?

¿El músico o el actor?
¿El bailarín o el cantor?
¿Mi alma, mi ser, mi yo?

Roma, 1985

Maestro
(cuando encontré a Alfredo)

Te daré un nuevo nombre
te llamaré esperanza
futuro de mis días
alegrías del porvenir
historia de mi ahora
horizonte de ensueño
cálida primavera
que el invierno alejará.

Tú serás aquel lugar
espacio de libertad
un vacío singular
para bailar y volar
para encontrar mis horas
pintar con tus colores
papel para mis versos
notas de mis acordes.

Inventarás deseos
sangre en mis arterias
caminos por recorrer
estrellas en mis noches
ancho cielo protector
árbol que dará sombra
dulce fruto y suave flor.

Te sentiré amigo
cimientos de mi casa
de mi espíritu mentor
reposo a mi cansancio
maestro de destreza
mi fuente de inspiración
alma y guía a mi razón.

Florencia, 1978

Fábula ilustrada

Este cuento infantil
te lo conté a medianoche
bajo la luz de la luna
blanquecina y plateada
que contemplaba envidiosa
mi sutil habilidad.

No me mires por favor
susurrabas con dulzura
entonces te di mi mano
y levantamos el vuelo
aprovechando la brisa
que nos llegaba del mar.

Llegamos a una nube
con un blanco balconcillo
desde esa barandilla
divisamos gravitando
una bolita azulada
suspendida en el cielo.

Sentí tu piel encresparse
con el frío de la noche
busqué una estrella cercana
alcanzable con mi mano
para ponerla en tu vientre
avivando tus entrañas.

Viena, 1981

Nevaba

La dulzura de ese día
el «buen día» señalado
se ha vestido de pureza
floreciendo soleado
como las rosas de junio
en tus montañas de Trento.

Se ilumina tu mirada
se dulcifican tus manos
rompiendo años de exilio,
alargando tu existencia
en un tiovivo alegre
como en un juego infantil.

Canta mi voz la caricia
de un tierno afecto infinito
hecho de ayer y de hoy
que volará hasta el mañana
hacia esa inmortal morada
que en el Cielo habitaremos.

Milán, 1986

A la caída del sol

Señales de un tierno sol
se insinúan tras los cristales
conjeturando un final.
Dóciles me han besado
llevándome a la ventana
cautela y curiosidad.
Miro hacia el horizonte
y allí pierdo la mirada
entre colinas verdes.
Enumero los chopos
con cortezas blanquecinas
que se extienden ante mí.
Moviéndose las hojas
golpeadas por la brisa
suenan como un arroyo.
Del cielo huye el azul
para teñirse de grana
pasando por el añil.
La noche viene hacia mí
arrodillando sus sombras
apagando toda luz.
El aire está esparciendo

mil perfumes y fragancias
que inhalan mis pulmones.
Calura del verano
bajo mi camisa blanca
que va empapando mi piel.
Una estrella brillante
la primera que se asoma
me observa con timidez.
Un pensamiento lábil
vagabundea sereno
acariciando el alma.
La inmensidad que he visto
en esta curva de cielo
me conducirá hasta ti.

Verona, 1984

Mi mar

Luz nívea, refulgencia, brillantez,
fulgor que emana claridad de plata
sumisa agitación en blanca espuma
humedeciendo el ligero poniente
y cargando el aire de salobridad.

Se revuelven, no saben estar quietas
estas aguas juguetonas de mi mar
que bajo el bruñido y grandioso cielo
arrebata mi ser y me conduce
a la mansión del hacedor Neptuno.

Las Redes, 1993

El tiempo oportuno

Cronos y Kairós juegan conmigo
ahora se esconden ahora se muestran
viajeros en un túnel del tiempo
esfinges estáticas y eternas.
Siento mis latidos en el pecho
acompasando mi ser y mi estar
en tanto la noria gira loca
movimiento vano sin avanzar.
Quieto, sin consecuencia y previsión
doliéndome por lo acontecido
clamo porque mis noches y días
no acaezcan sin tener sentido.
No quiero ser rehén de la inercia
subsistir en lo que ha sido y no es
aturdirme en lo que no ha existido
preocuparme por lo que podrá ser.
Entre lo que fue antes y será
siempre hay un instante de esperanza
en medio de ese punto me encuentro
invariable soplo del tiempo.

La Valeta (Malta), 1980

Edipo

En este trance ritual
provocaste mi caída
donde me arranqué los ojos
con el broche de un vestido
advirtiendo mi pecado
por la verdad señalada.

Ni sublime ni solemne
fue el desenlace funesto
sin clemencia ante los dioses
mientras clamaba a Dionisio
que aliviase las heridas
o anticipara mi muerte.

Sentimiento prohibido
que había crecido carente
de medidas y corduras
alimentado de instinto
entre brazos cuidadosos
vinculados a mi sangre.

Jerez, 1974

Carta

Querida amiga te escribo
seguramente percibas
mientras lees mi misiva
la cadencia de palabras
unidas por conjunciones
la exoticidad de verbos
rebuscados no sé dónde
que aparentan sentimientos
la simplicidad ingenua
de la lista de la compra
o el ardor entre dos cuerpos
que se abrazan en silencio.

Te recordé nuestro encuentro
con sonidos que evocaban
la rotura de las olas
en ese mar de tu tierra
que los etruscos amaron.
Lee lentamente esta carta
está llena de sabores
de fragancias y de brisa
de caricias de mis manos

de miradas chispeantes
de abrazos de ternura
bajo ocasos encarnados.

San Antonio (Texas), 1982

Soy solo yo

Descubro mi mar interior,
mis momentos
los acordes de mi canto,
mis borrascas
las desdichas del pasado,
mis fracasos
las heridas del presente,
mis pasiones
las angustias del futuro,
mis deseos
la nostalgia del amigo,
mi soledad
las noticias de mi sangre,
mi pulso
la fe que me hace esperar,
mi esperanza
la llamada de la vida,
mis sueños
lo que jamás acabaré,
mi vocación.
Así me pierdo en las olas
constantes

del íntimo mar de mi ser
y me encuentro
en ese infinito cosmos,
átomo
del inmortal universo.

Montecarlo, 1982

Prado alpino

Simplemente florecillas
luces que alumbran el día
iluminando este prado
que verdea de alegría.

Se eleva un canto inocente
que entonan junto a la brisa
lavandas y pensamientos
margaritas y amapolas.

El bulbo de los jacintos
también perfuma el valle
de verde floral intenso
con un toque de canela.

Es un tapiz multicolor
que el resplandor lo salpica
encendiendo el sol dorado
tu cálido abrazo de amor.

Cavareno (Trento), 1998

Grito mudo

Susurros de agonía
escucho en mis sentidos
ven mis ojos la muerte
de un hombre desconocido,
sin embargo, su carne
es idéntica a la mía.

Siento la indiferencia
de quien le está rodeando
asistiendo a su final
sin poder cambiar su suerte
mientras le dejan raptar
por las fauces de la parca.

Un carnaval mundano
brama fuera de la puerta
mientras desfilan en mí
pinturas de Munch, Schiele, Klimt
gritando en mi memoria
lo que la muerte borrará.

Jerez, 1975

Le Sacre du printemps

Hoy quisiera conocer
todo de la primavera
el porqué de las hojas
de las ramas refinadas
de los naranjos en flor
que rebozan de ternura.

Hoy quisiera conocer
el aliento de la brisa
la frescura del viento
la locura de las olas
las formas de las piedras
la finura de la arena.

Hoy quisiera conocer
la fuerza de los colores
en los sencillos campos
las líneas de su horizonte
las curvas de las nubes
y los tonos del ocaso.

Hoy quisiera conocer
la fuerza de la mañana
la intriga de la noche
por qué se enciende la luna
los guiños de los astros
el porqué de mi existencia.

San Gimignano, 1983

Recuerdo de Mari Carmen

Jugamos como dos niños
quebrando con desparpajo
las piñatas de la envidia
de la tristeza y del miedo.

Jugamos al escondite
entre risas contagiosas
recolectamos quimeras
en los jardines propicios.

Sobre la arena mojada
en la orilla de la playa
recogimos los corales
y construimos castillos.

Describimos las estrellas
en las noches de verano
perseguimos las palomas
en todas las plazoletas.

Te robé algún que otro beso
fuiste también un espejo
mi sol en los días nublados
refugio en el aguacero.

Te confié mis secretos
mis deseos y mis pecados
fuiste viento favorable
inspiración de mis cuadros.

Jerez, 1992

14 de julio

Perder es dejar de tener
y habiéndote entregado
te alejaste de mis días
dejando intactos mis sueños.

Huérfano he caminado
con el corazón contrito
el aliento a la intemperie
y la penuria en mis manos.

Sin pasado y sin futuro
sin razón y sin escusas
tras grabar tus iniciales
en las calles de mis venas.

Piadosa, misericordia
y por tu Dios bendecida
el origen de tu nombre
que repito día a día.

Naciste en un mes de julio
que los antiguos quisieron
que fuera el hijo Eneas
el séptimo mes del año.

Ese 14 que en Francia
se baila porque es su fiesta
te vio nacer en un lago
al norte de Lombardía.

Es tu fiesta y me pregunto
en qué lugar del mundo estás
cómo apagarás las velas
y qué deseo pedirás.

¿Quién pronunciará tu nombre
quién estrechará tu mano
quién rozará tu vestido
qué copa brindará por ti?

Miro al cielo esperando
que esa estrella que me guiña
refleje en tu mirada.
mi amor y mis deseos.

Incisa in Val d'Arno, 1984

Rosa y lila

En el aire cambiante
(se siente muy fuerte)
tu lejanía
me golpea incesante
en los brotes
de un ramo de flores
rosa y lila,
lila y rosa
y ejecuto un falso rondó
forzadamente
grande cuanto el mundo
rosa y lila
pobre rondó.
Me pregunto
y no respondo
del porqué de mi porqué
de este lento dolor
(intenso lo siento)
me abraza tan fuerte
que interrumpe la respiración
dejándome solo un hálito
para susurrarte

como en este aire
sea precioso
que de mi la juventud
se te acerque ahora.
Precioso y raro
golpeado, perseguido, atravesado
por tu ausencia, distancia, separación.
Y busco palabras nuevas
para acercarte a mi
en este lento
lento dolor.

Florencia, 1979

Un fuego sobre Urano

El poeta no sabe
cantar a la alegría
no encuentra cómo plasmar
su regocijo y dicha.
Una luz transparente
lo invade de ternura
salpicando de estrellas
su nacarado papel.
A borbotones nacen
reflejos de la magia
como si fuera un ardor
que invade su corazón.
Con la antorcha en su mano
extenderá sus alas
su misión será encender
un fuego sobre Urano.

Río de Janeiro, 1985